Impressum
Verlag: BABADADA GmbH, Nedderfeld 112 , 22529 Hamburg
Geschäftsführer / Verlagsleitung: Harald Hof
Druck: Books on Demand GmbH, In de Tarpen 42, 22848 Norderstedt

Imprint
Publisher: BABADADA GmbH, Nedderfeld 112 , 22529 Hamburg, Germany
Managing Director / Publishing direction: Harald Hof
Print: Books on Demand GmbH, In de Tarpen 42, 22848 Norderstedt, Germany

школа

escuela

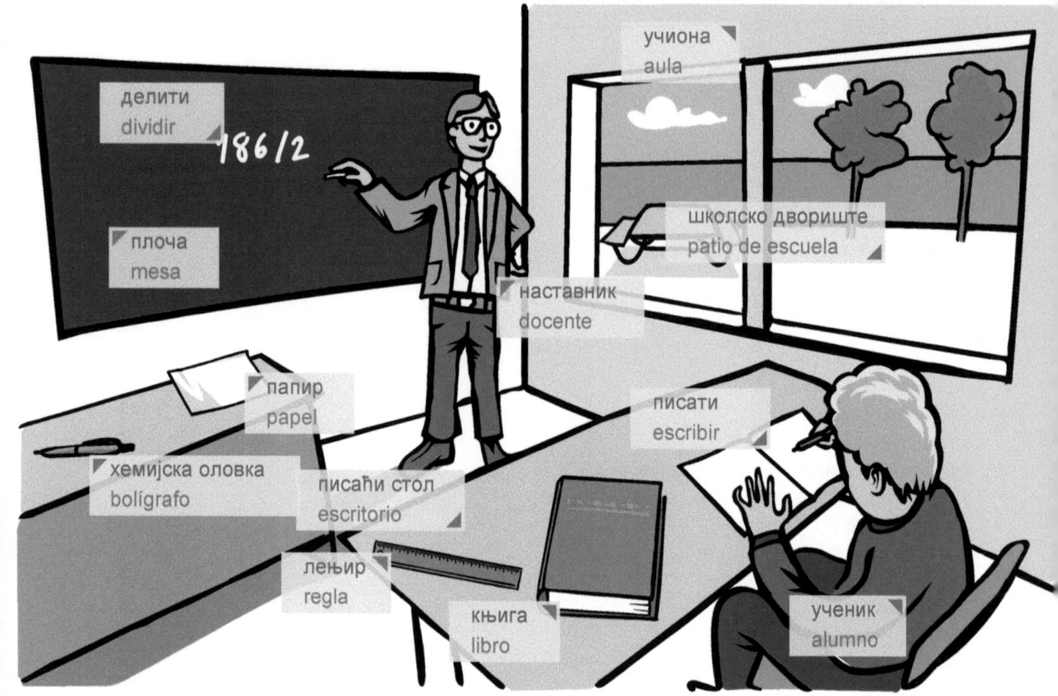

учиона
aula
делити
dividir
186/2
плоча
mesa
школско двориште
patio de escuela
наставник
docente
папир
papel
писати
escribir
хемијска оловка
bolígrafo
писаћи стол
escritorio
лењир
regla
књига
libro
ученик
alumno

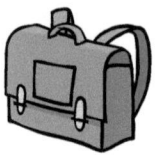

торба
mochila escolar

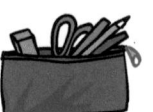

перница
caja de lápices

графитна оловка
lápiz

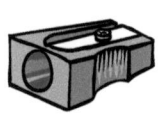

шиљило за оловке
sacapuntas

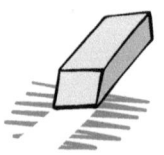

гумица за брисање
goma de borrar

блок за цртање
bloc de dibujo

цртеж

dibujo

кист

pincel

кутија са бојама

caja de pinturas

маказе

tijera

лепило

pegamento

бележница

libro de ejercicios

домаћи задатак

tarea

број

número

сабирати

sumar

одузимати

restar

множити

multiplicar

рачунати

calcular

слово

letra

абецеда

alfabcto

реч

palabra

текст

texto

читати

leer

креда

tiza

час

lección

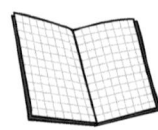

дневник

libro de clase

испит

examen

сведочанство

certificado

школска униформа

uniforme escolar

образовање

educación

лексикон

enciclopedia

универзитет

universidad

микроскоп

microscopio

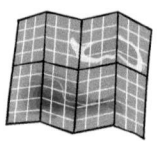

карта

mapa

кошара за папир

cesto de papeles

путовање

viaje

хотел
hotel
Grand
преноћиште
albergue
ROOMS
мењачница
casa de cambio
CHANGE
кофер
maleta
ауто
auto

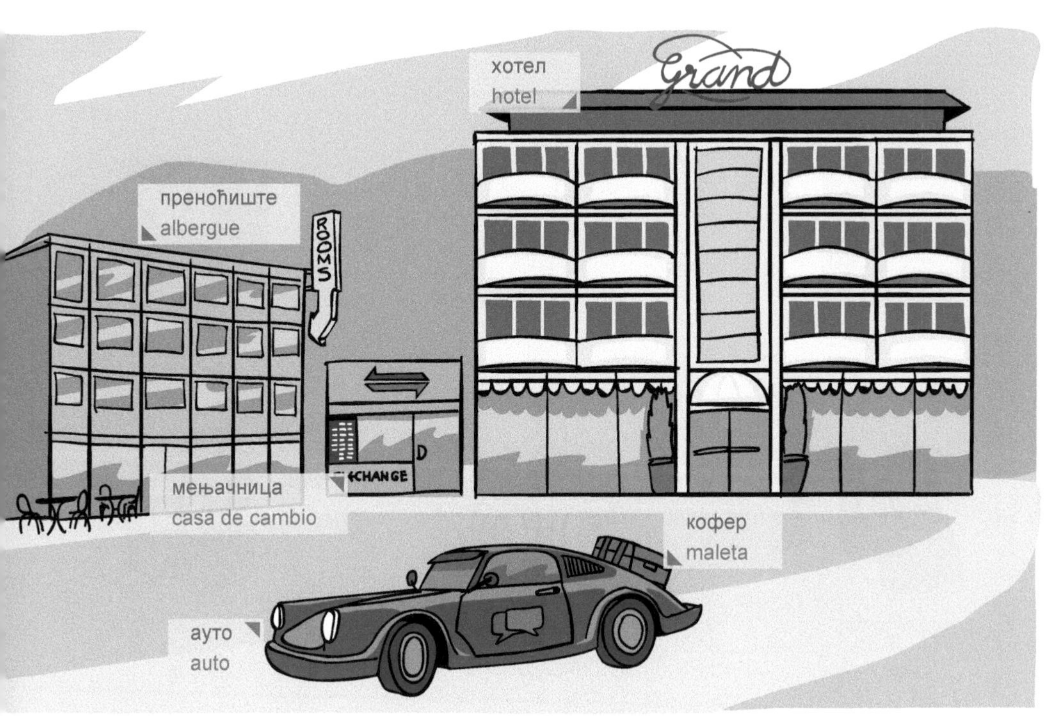

језик

idioma

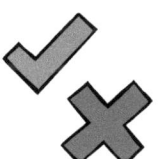

да / не

sí / no

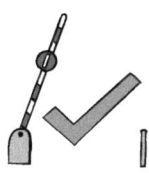

океј

ok

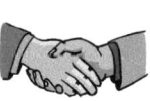

здраво

hola

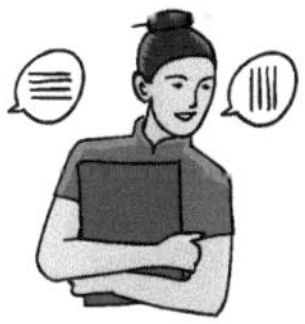

преводилац

intérprete

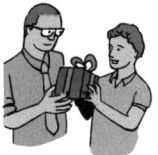

хвала

gracias

Колико кошта...?

¿Cuánto cuesta...?

не разумем

No entiendo

проблем

problema

добро вече!

¡Buenas tardes!

Добро јутро!

¡Buenos días!

Лаку ноћ!

¡Buenas noches!

довиђења

adiós

смер

dirección

пртљага

equipaje

торба

bolso

руксак

mochila

гост

invitado

соба

cuarto

врећа за спавање

saco de dormir

шатор

tienda de campaña

туристичке информације

información al turista

плажа

playa

кредитна картица

tarjeta de crédito

доручак

desayuno

ручак

almuerzo

вечера

cena

карта за вожњу

pasaje

лифт

ascensor

поштанска маркица

sello

граница

límite

царина

aduana

амбасада

embajada

виза

visa

пасош

pasaporte

транспорт
transporte

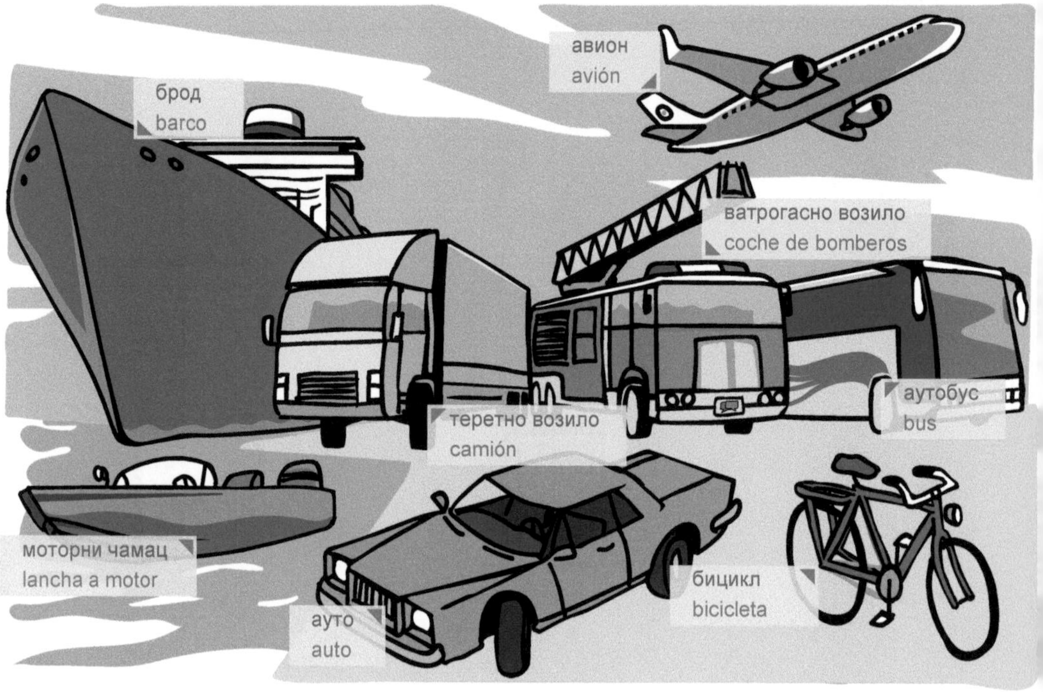
авион
avión
брод
barco
ватрогасно возило
coche de bomberos
аутобус
bus
теретно возило
camión
моторни чамац
lancha a motor
бицикл
bicicleta
ауто
auto

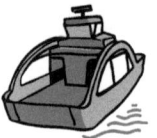

трајект

balsa

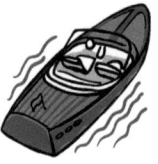

чамац

lancha

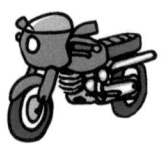

мотоцикл

motocicleta

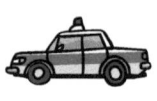

полицијски ауто

auto de policía

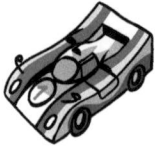

тркаћи ауто

auto de carreras

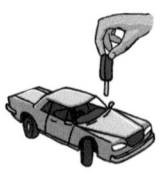

изнајмљено ауто

auto de alquiler

делење аутомобила

alquiler de autos

вучно возило

grúa

возило за одвоз смећа

vehículo recolector de basura

мотор

motor

бензин

gasolina

бензинска станица

gasolinera

саобраћајни знак

señal de tráfico

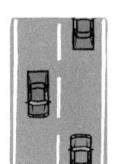

саобраћај

tránsito

застој

atasco

паркиралиште

estacionamiento

железничка станица

estación de tren

шине

carril

воз

tren

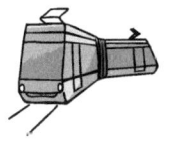

трамвај

tranvía

вагон

vagón

хеликоптер

helicóptero

аеродром

aeropuerto

кула

torre

путник

pasajero

контејнер

contenedor

картон

caja de cartón

колица

carro

корпа

cesta

узлетети / слетети

despegar / aterrizar

град
ciudad

село

aldea

центар града

centro de la ciudad

кућа

casa

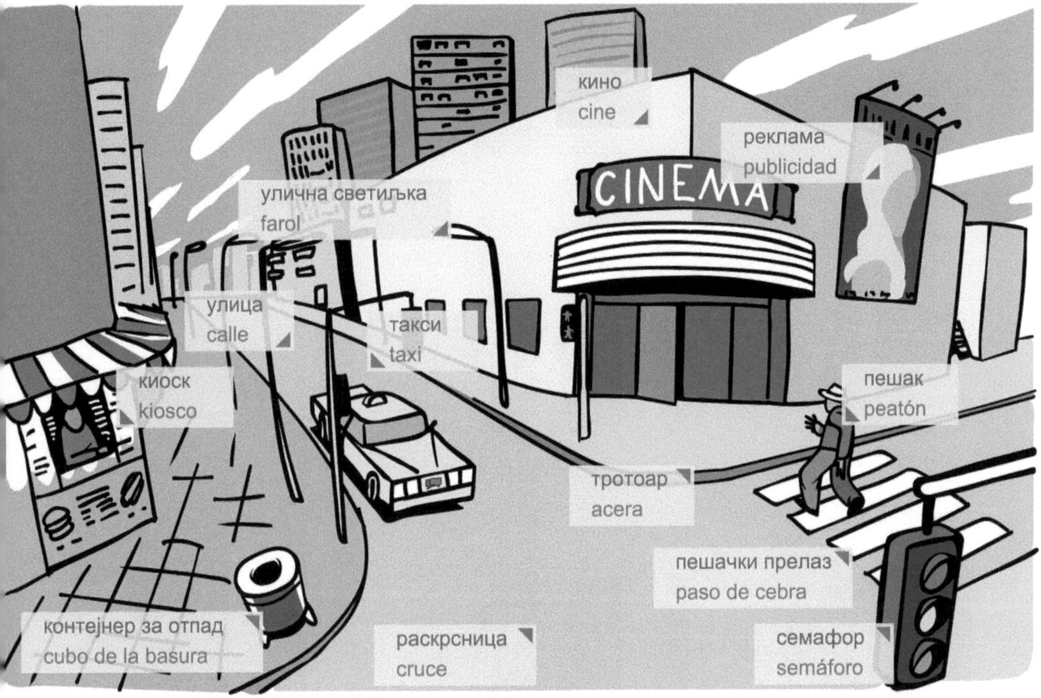
кино
cine
реклама
publicidad
CINEMA
улична светиљка
farol
улица
calle
такси
taxi
киоск
kiosco
пешак
peatón
тротоар
acera
пешачки прелаз
paso de cebra
контејнер за отпад
cubo de la basura
раскрсница
cruce
семафор
semáforo

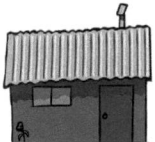

колиба

cabaña

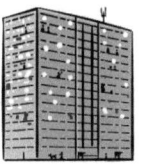

стан

apartamento

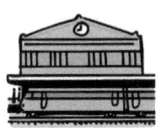

железничка станица

estación de tren

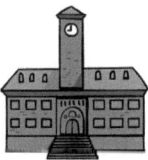

већница

ayuntamiento

MUSEUM

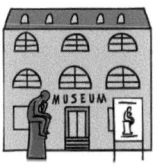

музеј

museo

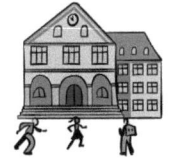

школа

escuela

универзитет

universidad

банка

banco

болница

hospital

хотел

hotel

апотека

farmacia

канцеларија

oficina

књижара

librería

продавница

negocio

цвећара

florería

супермаркет

supermercado

трг

mercado

робна кућа

grandes almacenes

рибарница

pescadería

трговачки центар

centro comercial

лука

puerto

парк

parque

клупа

banco

мост

puente

степенице

escalera

подземна железница

metro

тунел

túnel

аутобуска станица

parada de autobuses

бар

bar

ресторан

restaurante

поштанско сандуче

buzón de correo

улични знак

letrero

паркирни аутомат

parquímetro

зоолошки врт

zoológico

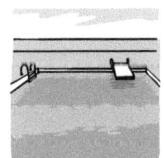

базен

piscina

џамија

mezquita

сеоско газдинство

granja

загађење околине

polución

гробље

cementerio

црква

iglesia

игралиште

parque infantil

храм

templo

пејсаж
paisaje

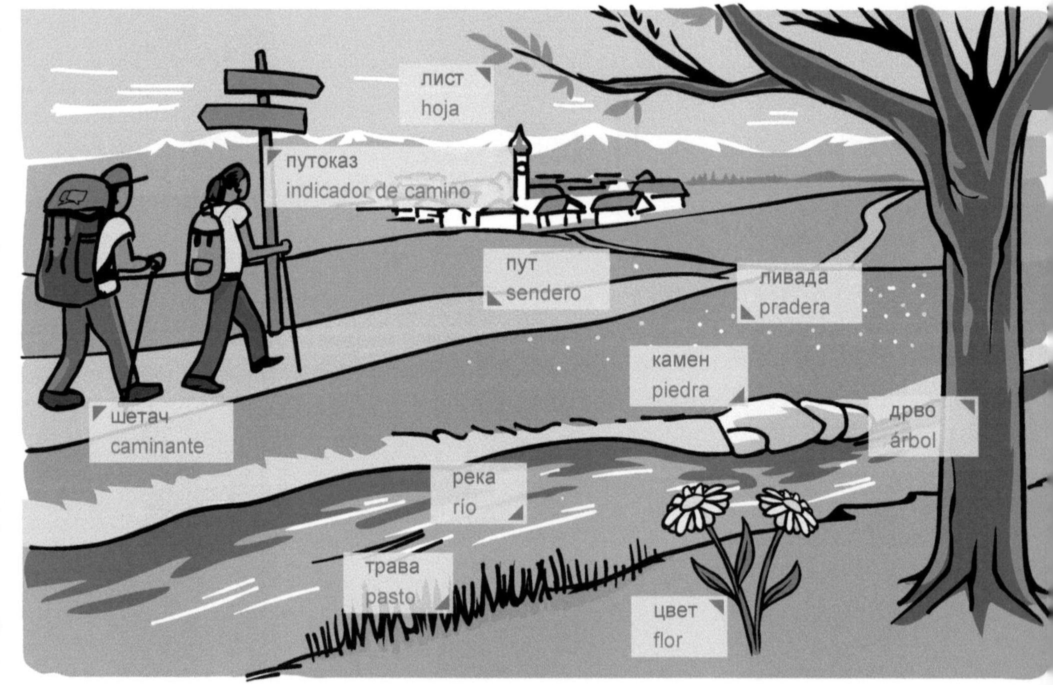

лист
hoja

путоказ
indicador de camino

пут
sendero

ливада
pradera

камен
piedra

дрво
árbol

шетач
caminante

река
río

трава
pasto

цвет
flor

долина
valle

планина
montaña

језеро
lago

шума
bosque

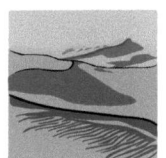

пустиња
desierto

вулкан
volcán

дворац
castillo

дуга
arco iris

гљива
seta

палма
palmera

москито
mosquito

мува
mosca

мрав
hormiga

пчела
abeja

паук
araña

пејсаж - paisaje

буба

escarabajo

жаба

rana

веверица

ardilla

јеж

erizo

зец

liebre

сова

lechuza

птица

pájaro

лабуд

cisne

дивља свиња

jabalí

јелен

ciervo

лос

alce

насип

embalse

ветрењача

aerogenerador

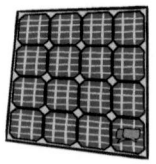

соларна плоча

módulo solar

клима

clima

ресторан
restaurante

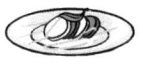

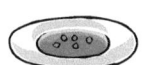

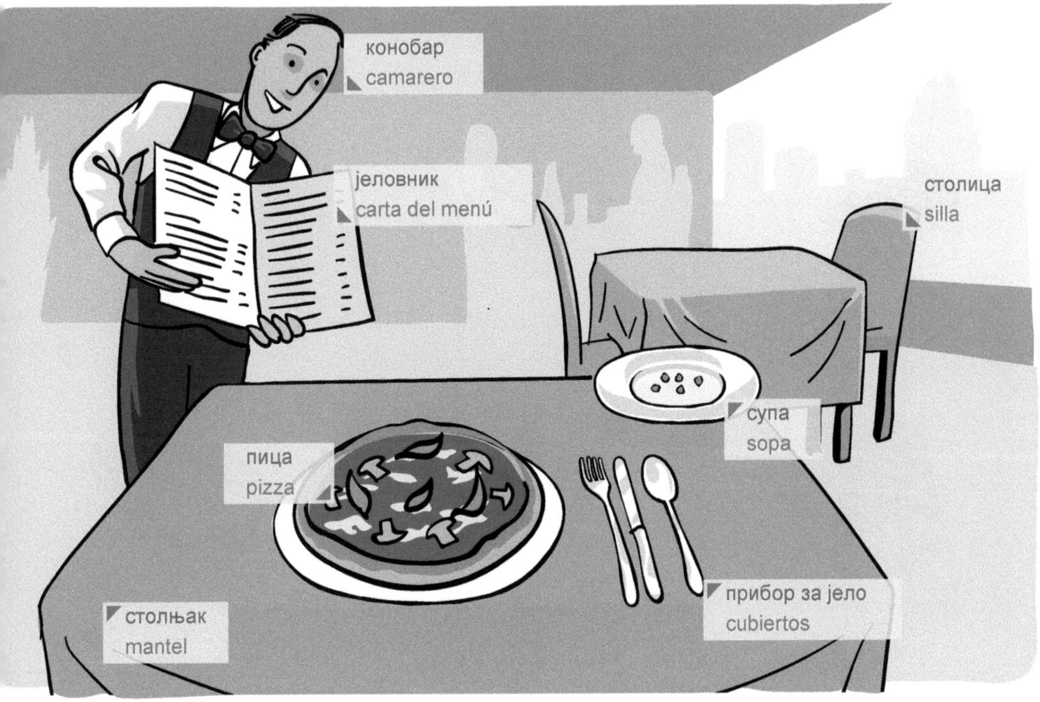
конобар
camarero
јеловник
carta del menú
столица
silla
супа
sopa
пица
pizza
прибор за јело
cubiertos
столњак
mantel

предјело

entrada

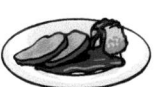

главно јело

plato principal

десерт

postre

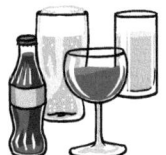

напитци

bebida

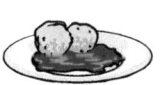

јело

comida

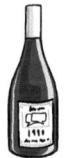

флаша

botella

брза храна

comida rápida

имбис храна

comida callejera

чајник

tetera

доза за шећер

azucarera

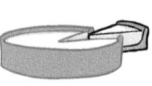

порција

porción

апарат за еспресо

máquina de espresso

висока столица

silla alta

рачун

factura

послужавник

bandeja

нож

cuchillo

виљушка

tenedor

кашика

cuchara

чајна кашика

cuchara de té

салвета

servilleta

чаша

vaso

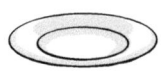

тањир

plato

тањир за супу

plato de sopa

тањирић

platillo

сос

salsa

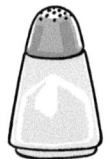

сољенка

salero

млин за бибер

molinillo para pimienta

сирће

vinagre

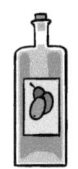

уље

aceite

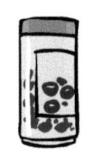

зачини

especias

кечап

ketchup

сенф

mostaza

мајонеза

mayonesa

супермаркет

supermercado

понуда
oferta
FOR
купац
cliente
млечни производи
productos lácteos
воће
fruta
колица за куповину
carrito de compras

BUTCHERS

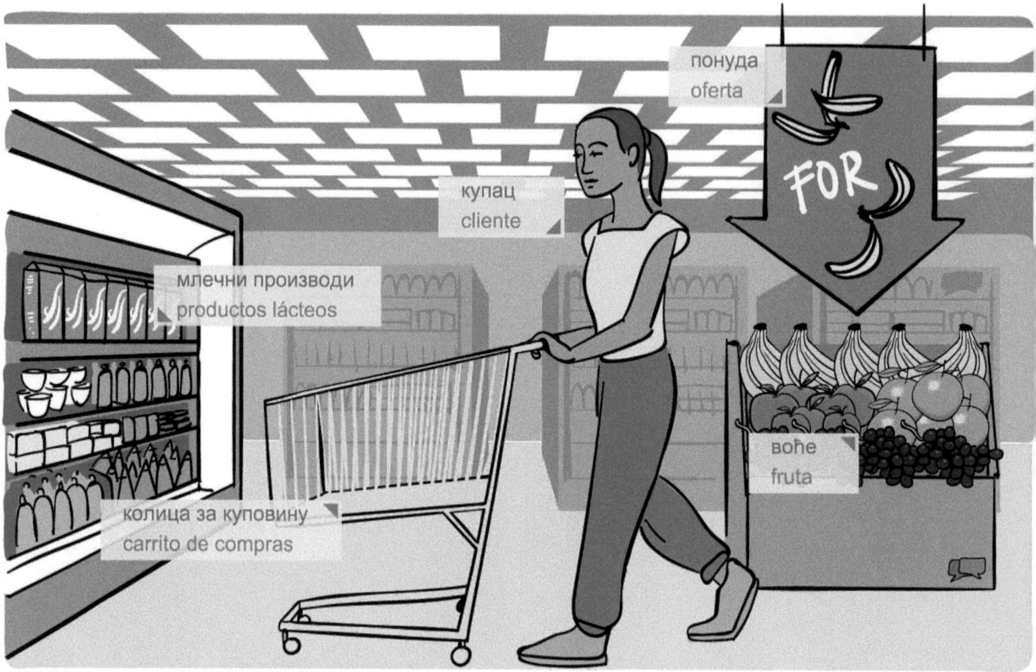

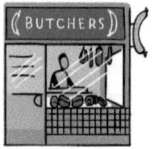

месница

carnicería

BAKERY

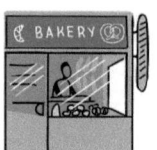

пекара

panadería

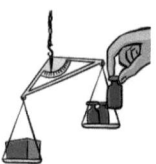

вагати

pesar

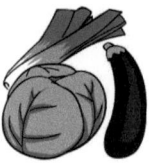

поврће

verdura

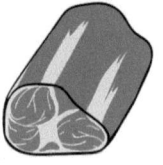

месо

carne

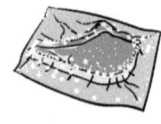

смрзнута храна

alimentos congelados

нарезак

fiambre

конзерве

conservas

средство за прање

detergente en polvo

слаткиши

dulces

артикли за домаћинство

artículos domésticos

средства за чишћење

productos de limpieza

продавачица

vendedora

благајна

caja

благајник

cajero

листа за куповину

lista de compras

време рада

horario de atención

новчаник

cartera

кредитна картица

tarjeta de crédito

торба

maleta

пластична кеса

bolsa plástica

вода

agua

сок

jugo

млеко

leche

кола

refresco de cola

вино

vino

пиво

cerveza

алкохол

alcohol

какао

cacao

чај

té

кава

café

еспресо

espresso

капућино

cappuccino

банана

banana

јабука

manzana

наранџа

naranja

лубеница

sandía

лимун

limón

шаргарепа

zanahoria

бели лук

ajo

бамбус

bambú

лук

cebolla

гљива

seta

орашасти плодови

nueces

резанци

fideos

шпагете

espagueti

рижа

arroz

салата

ensalada

помфрит

patatas fritas

печени крумпир

patatas salteadas

пица

pizza

хамбургер

hamburguesa

сендвич

sándwich

шницла

escalope

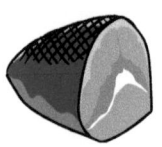

шунка

jamón

салама

salame

кобасица

embutido

кокош

pollo

печење

asado

риба

pescado

зобене пахуљице

copos de avena

мусли

musli

кукурузне пахуљице

copos de maíz tostado

брашно

harina

кроасан

croissant

пециво

panecillo

хлеб

pan

тоаст

tostada

кекси

galletas

маслац

mantequilla

свежи сир

cuajada

колач

pastel

jaje

huevo

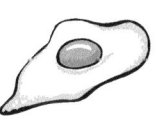

jaje на око

huevo frito

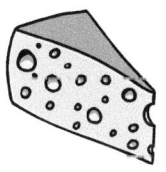

сир

queso

сладолед

helado

шећер

azúcar

мед

miel

мармелада

mermelada

нугат крема

praliné

кари

curry

jelo - comida

сеоско газдинство

granja

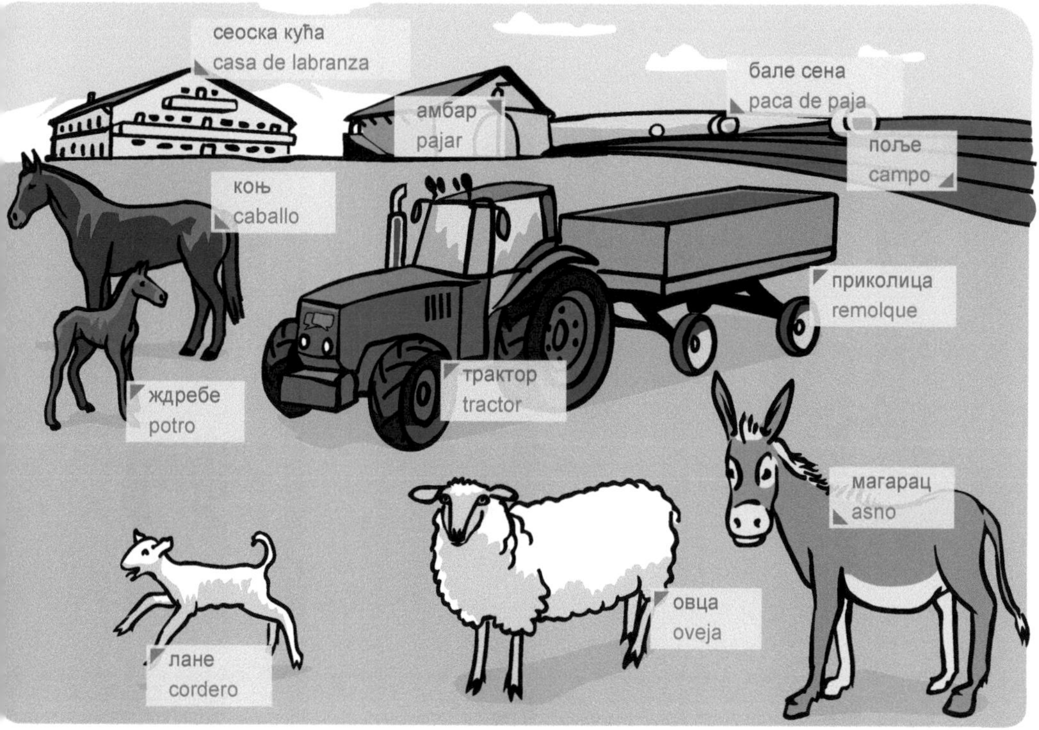

сеоска кућа
casa de labranza
амбар
pajar
бале сена
paca de paja
поље
campo
коњ
caballo
приколица
remolque
трактор
tractor
ждребе
potro
магарац
asno
овца
oveja
лане
cordero

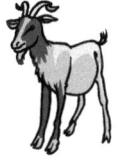

коза

cabra

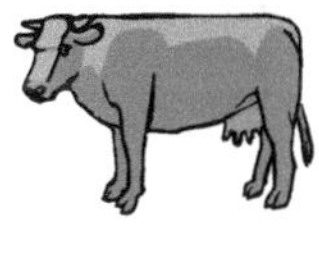

крава

vaca

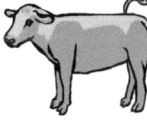

теле

ternero

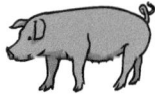

свиња

cerdo

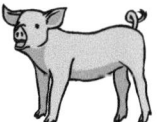

прасе

lechón

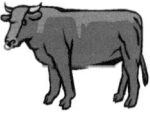

бик

toro

гуска

ganso

патка

pato

пилићи

polluelo

кокош

pollo

петао

gallo

пацов

rata

мачка

gato

миш

ratón

вол

buey

пас

perro

кућица за пса

caseta del perro

вртно црево

manguera de riego

канта за поливање

regadera

коса

guadaña

плуг

arado

срп

hoz

мотика

azada

виљушка за ђубриво

bieldo

секира

hacha

тачке

carretilla

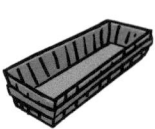

корито

abrevadero

посуда за млеко

lechera

вреća

saco

ограда

cerca

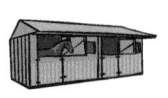

штала

establo

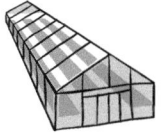

стакленик

invernadero

земља

suelo

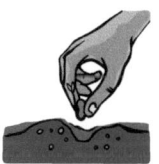

семе

semilla

ђубриво

fertilizante

комбајн

cosechadora

жети
....
cosechar

жетва
....
cosecha

јамс зачин
....
raíz de ñame

пшеница
....
trigo

соја
....
soja

крумпир
....
patata

кукуруз
....
maíz

уљана репица
....
colza

воћка
....
Árbol frutal

гомољ маниоке
....
mandioca

житарице
....
cereales

куħа

casa

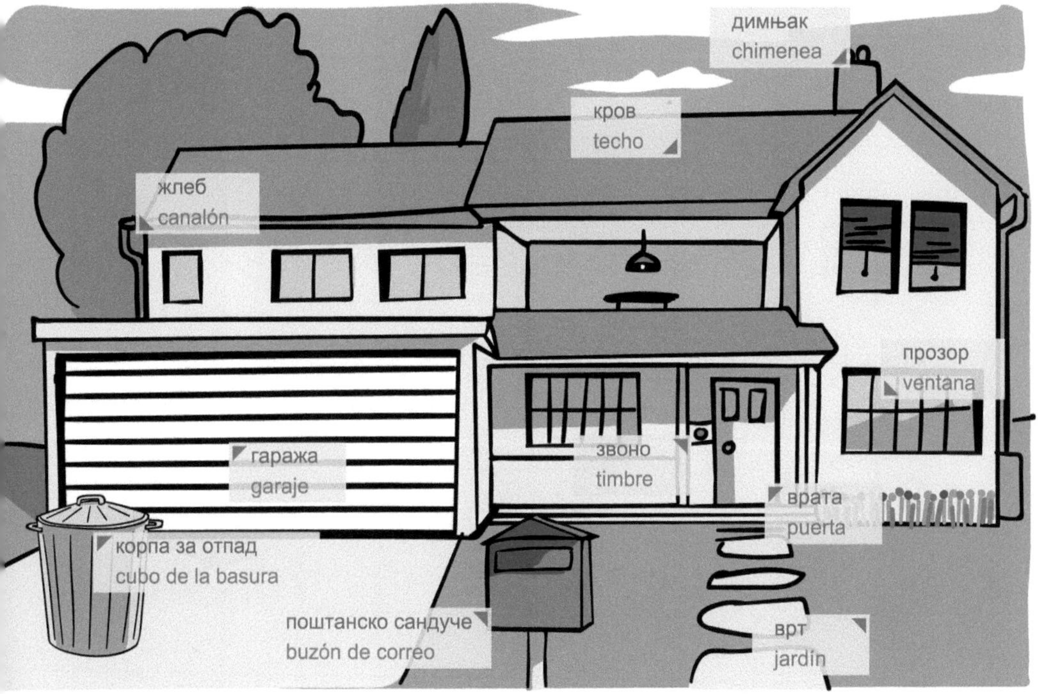

димњак
chimenea
кров
techo
жлеб
canalón
прозор
ventana
гаража
garaje
звоно
timbre
врата
puerta
корпа за отпад
cubo de la basura
поштанско сандуче
buzón de correo
врт
jardín

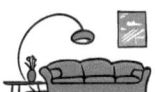

дневна соба

cuarto de estar

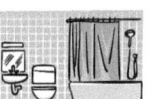

купаоница

cuarto de baño

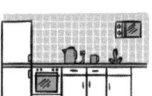

кухиња

cocina

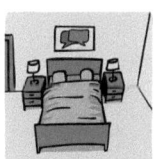

спаваћа соба

dormitorio

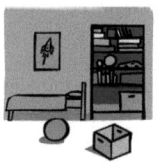

дечија соба

cuarto de los niños

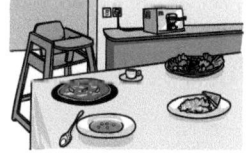

трпезарија

comedor

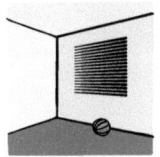

под

piso

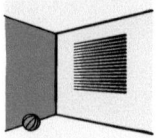

зид

pared

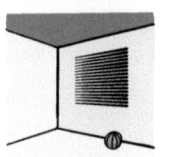

строп

cielorraso

подрум

sótano

сауна

sauna

балкон

balcón

тераса

terraza

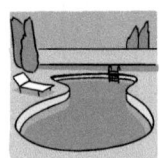

базен

piscina

косилица за траву

cortacésped

постељина за кревет

funda nórdica

дека за кревет

edredón

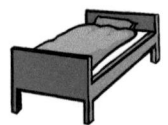

кревет

cama

метла

escoba

канта

cubo

прекидач

interruptor

дневна соба
cuarto de estar

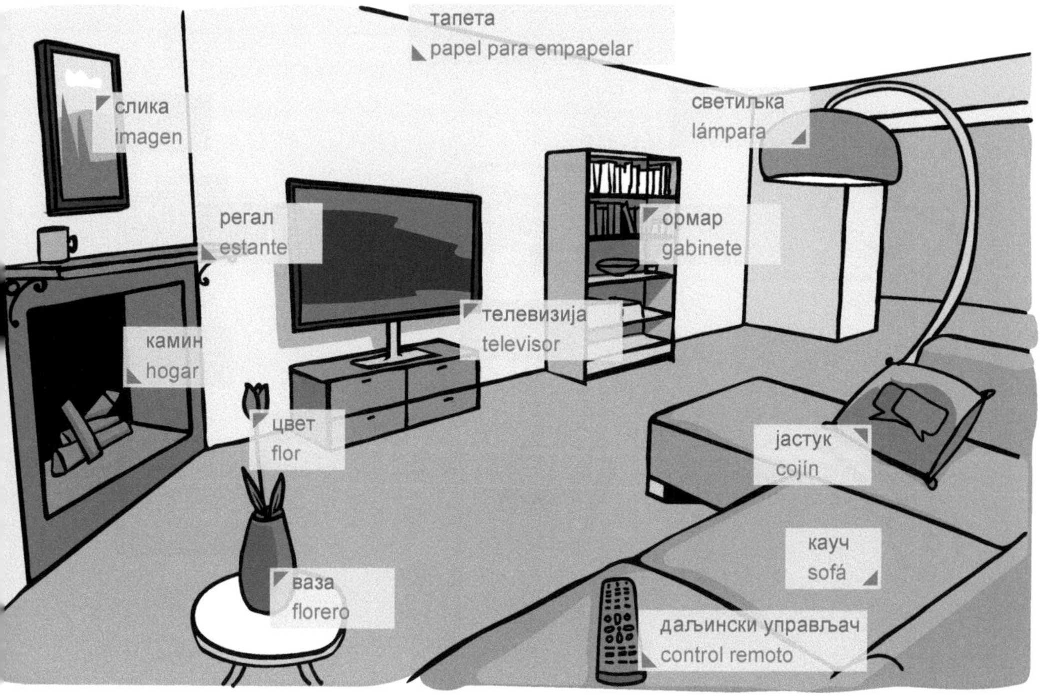
тапета
papel para empapelar
слика
imagen
светиљка
lámpara
регал
estante
ормар
gabinete
телевизија
televisor
камин
hogar
цвет
flor
јастук
cojín
кауч
sofá
ваза
florero
даљински управљач
control remoto

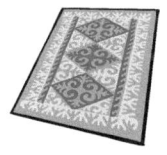

тепих

alfombra

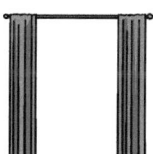

завеса

cortina

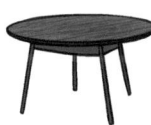

сто

mesa

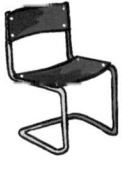

столица

silla

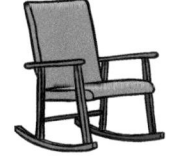

столица за њихање

mecedora

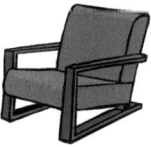

фотеља

sillón

књига

libro

дека

frazada

декорација

decoración

дрво за огрев

leña

филм

film

хи-фи уређај

equipo estereofónico

кључ

llave

новине

periódico

слика на платну

cuadro

постер

póster

радио

radio

блок за писање

bloc de notas

усисивач

aspiradora

кактус

cactus

свећа

vela

кухиња
cocina

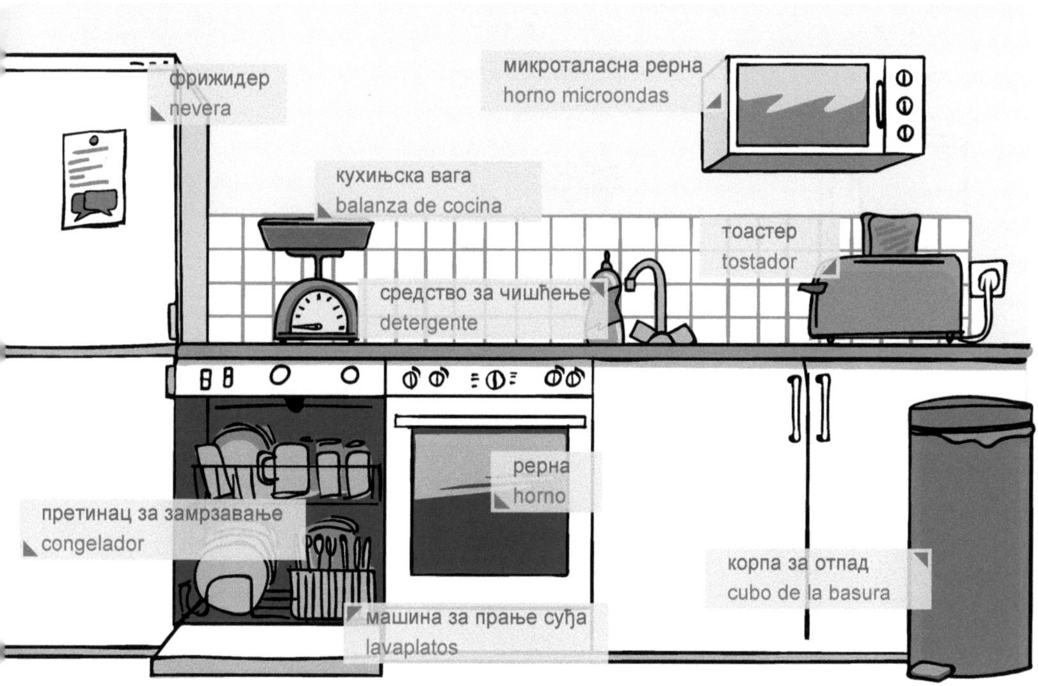

фрижидер
nevera
микроталасна рерна
horno microondas
кухињска вага
balanza de cocina
тоастер
tostador
средство за чишћење
detergente
рерна
horno
претинац за замрзавање
congelador
корпа за отпад
cubo de la basura
машина за прање суђа
lavaplatos

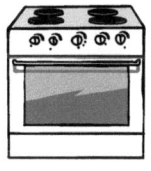

шпорет

cocina

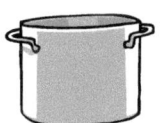

лонац

olla

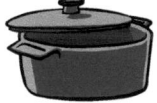

гвоздени лонац

olla de fundición de hierro

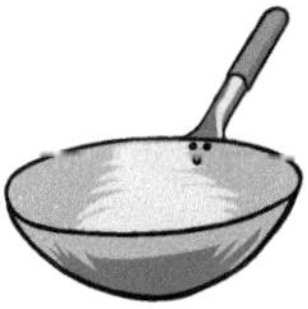

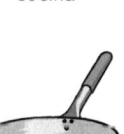

вок / кадаи

wok / kadai

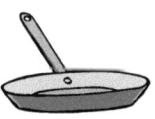

тава

sartén

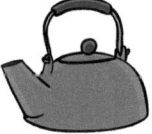

кувало за воду

hervidor de agua

кувало на пару

olla de vapor

лим за печење

bandeja de horno

посуђе

vajilla

чаша

vaso

посуда

bol

штапићи за јело

palillos para comer

кутлача

cucharón de sopa

лопатица

espátula

пењача

batidor

сито за кување

colador

сито

cedazo

рибеж

rallador

мужар

mortero

роштиљ

parrillada

огњиште

fogata

даска

tabla de picar

оклагија

rodillo

вадичеп

sacacorchos

конзерва

lata

отварач конзерви

abrelatas

крпа за лонац

agarrador

судопер

fregadero

четка

cepillo

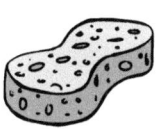

сунђер

esponja

миксер

batidora

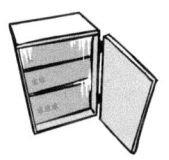

замрзивач

arcón congelador

флашица за бебе

biberón

славина за воду

grifo

купаоница

cuarto de baño

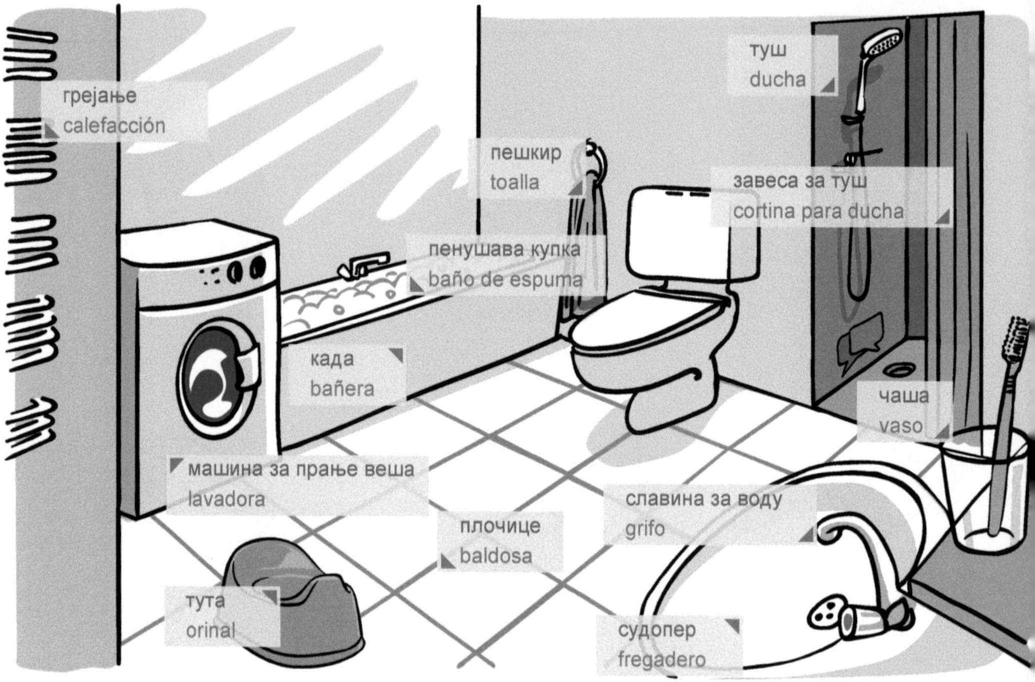

туш
ducha
грејање
calefacción
пешкир
toalla
завеса за туш
cortina para ducha
пенушава купка
baño de espuma
када
bañera
чаша
vaso
машина за прање веша
lavadora
славина за воду
grifo
плочице
baldosa
тута
orinal
судопер
fregadero

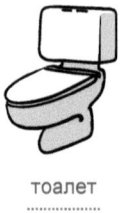

тоалет

cuarto de baño

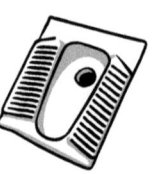

чучавац

placa turca

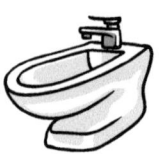

бидет

bidé

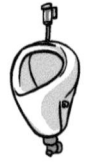

писоар

urinario

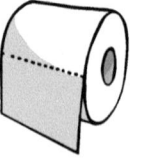

тоалетни папир

papel higiénico

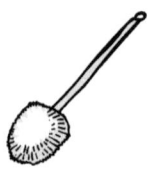

четка за тоалет

escobilla para el cuarto de baño

четкица за зубе

cepillo de dientes

паста за зубе

pasta dentífrica

конац за зубе

seda dental

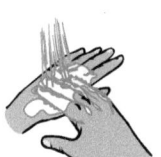

прати

lavar

туш ручица

ducha teléfono

туш за прање интимних делова

ducha higiénica

лавор

cuenco

четка за прање леђа

cepillo para la espalda

сапун

jabón

гел за туширање

gel de ducha

шампон

champú

крпа за прање

manopla para baño

одвод

desagüe

крема

crema

дезодоранс

desodorante

огледало

espejo

козметичко огледало

espejo de maquillaje

бријач

máquina de afeitar

пена за бријање

espuma de afeitar

лосион за после бријања

loción para después del afeitado

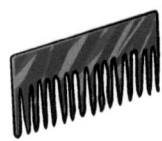

чешаљ

peine

четка

cepillo

фен за косу

secador para cabello

спреј за косу

laca de peinado

шминка

maquillaje

руж за усне

lápiz labial

лак за нокте

laca para uñas

вата

algodón

маказе за нокте

tijera para uñas

парфем

perfume

козметичка торбица

neceser

столица

taburete

вага

balanza

огртач

bata de baño

рукавице за чишћење

guantes de goma

тампон

tampón

уложак

compresa

хемијски тоалет

wáter químico

дечија соба

cuarto de los niños

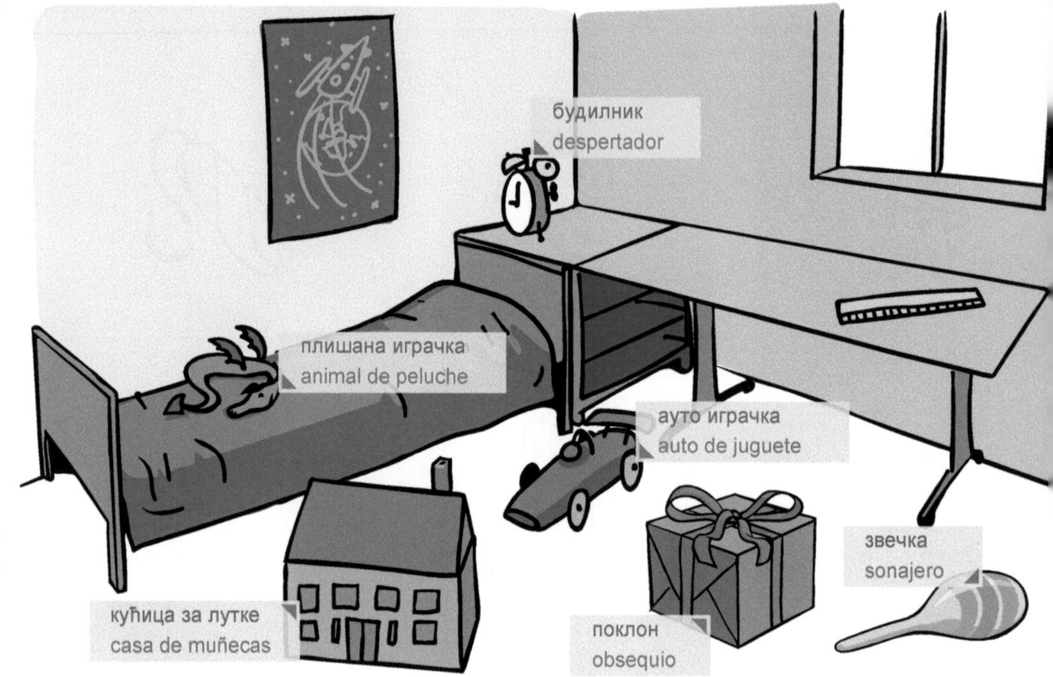
будилник
despertador
плишана играчка
animal de peluche
ауто играчка
auto de juguete
звечка
sonajero
кућица за лутке
casa de muñecas
поклон
obsequio

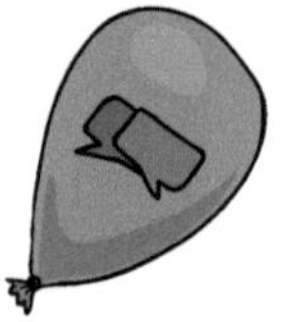

балон

globo

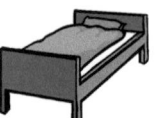

кревет

cama

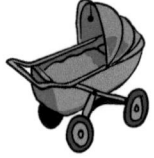

дјечија колица

cochecito para niños

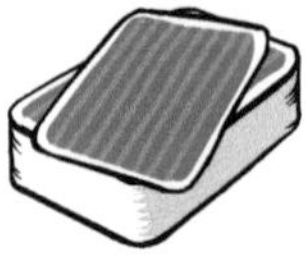

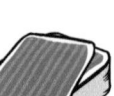

игра са картама

juego de barajas

слагалица

rompecabezas

SUPER
MEGA

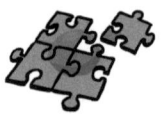

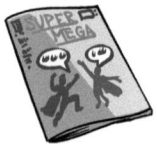

стрип

cómic

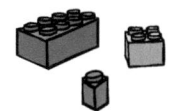

лего коцкице

piezas de Lego

коцкице за слагање

bloques para jugar

акциони јунак

figura de acción

бенкица за бебе

pijama de una pieza

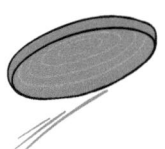

фризби

frisbee

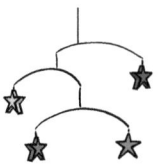

висеће играчке

móvil

друштвене игре

juego de mesa

коцка

dado

минијатурна жељезница

tren eléctrico a escala

дуда

chupete

забава

fiesta

сликовница

libro de dibujos

лопта

pelota

лутка

títere

играти

jugar

пешчаник

arenero

љуљачка

columpio

играчка

juguetes

конзола за игре

consola de videojuego

трицикл

triciclo

теди

osito de peluche

ормар

guardarropa

кратке чарапе

calcetines

чарапе

medias

хулахопке

panti

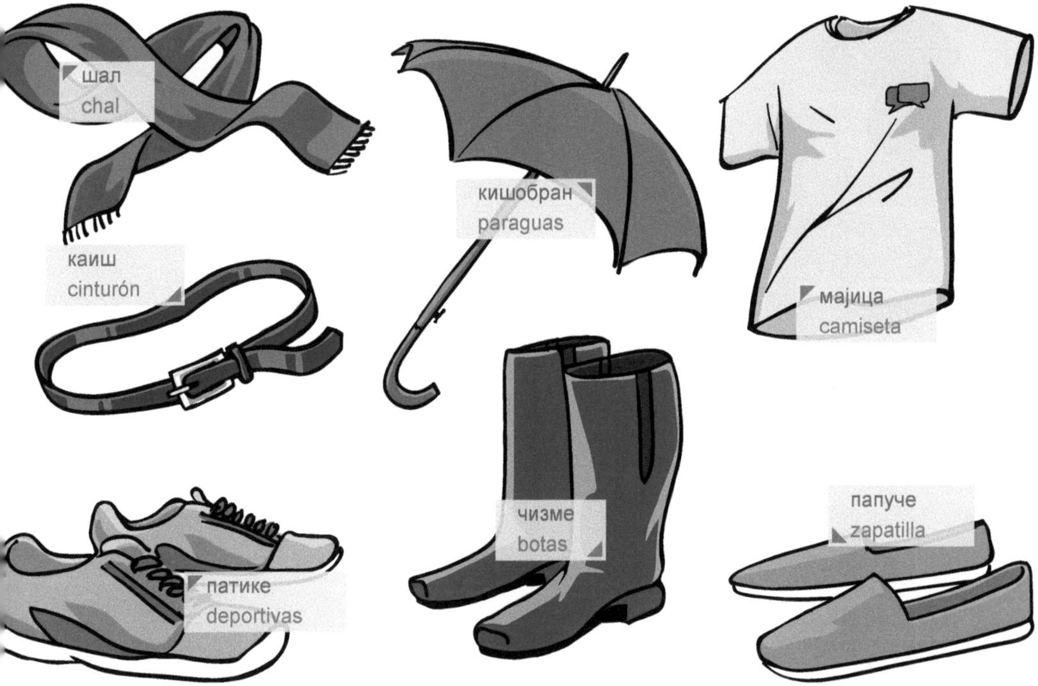

шал
chal

каиш
cinturón

кишобран
paraguas

мајица
camiseta

чизме
botas

папуче
zapatilla

патике
deportivas

сандале
sandalias

ципеле
zapatos

гумене чизме
botas de goma

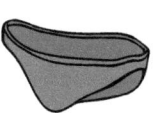

гаћице
ropa Interlor

грудњак
corpiño

поткошуља
camiseta

боди

body

панталоне

pantalón

фармерке

jeans

сукња

falda

блуза

blusa

кошуља

camisa

џемпер

pullover

џемпер с капуљачом

sweater

сако

blazer

јакна

chaqueta

мантил

abrigo

кабаница

impermeable

костим

traje chaqueta

хаљина

vestido

венчаница

vestido de bodas

одело

traje

спаваћица

camisón

пиџама

pijama

сари

sari

марама за главу

pañuelo de cabeza

турбан

turbante

бурка

burka

кафтан

caftán

абаја

abaya

купаћи костим

traje de baño

купаће гаћице

bañador

кратке панталоне

shorts

одећа за тренинг

chándal

кецеља

delantal

рукавице

guante

дугме

botón

наочаре

gafa

наруквица

brazalete

огрлица

cadena

прстен

anillo

наушница

aro

капа

gorra

вешалица

percha

шешир

sombrero

кравата

corbata

патент затварач

cierre a cremallera

кацига

casco

нараменице

tiradores

школска униформа

uniforme escolar

униформа

uniforme

подбрадак
babero

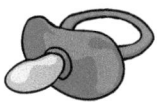

дуда
chupete

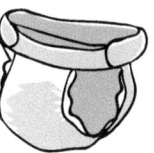

пелена
pañal

канцеларија
oficina

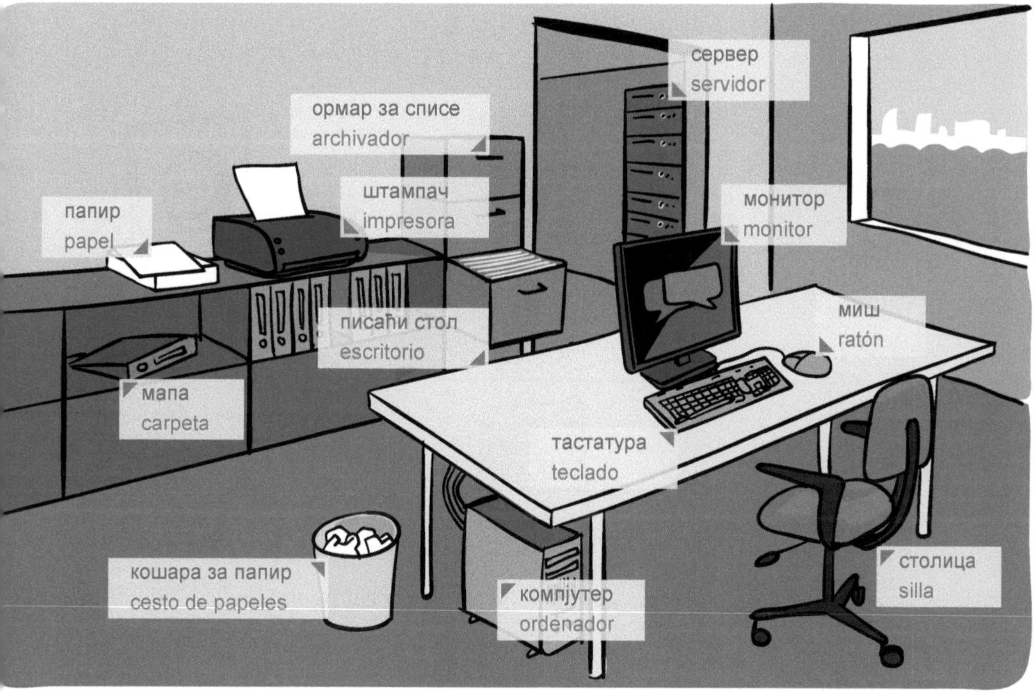

сервер
servidor

ормар за списе
archivador

штампач
impresora

монитор
monitor

папир
papel

писаћи стол
escritorio

миш
ratón

мапа
carpeta

тастатура
teclado

кошара за папир
cesto de papeles

столица
silla

компјутер
ordenador

шалица за кафу

taza de café

калкулатор

calculadora

интернет

internet

лаптоп

laptop

писмо

carta

порука

mensaje

мобилни телефон

teléfono móvil

мрежа

red

уређај за копирање

fotocopiadora

софтвер

software

телефон

teléfono

утичница

tomacorriente

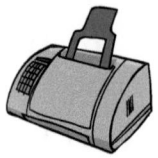

факс

máquina de fax

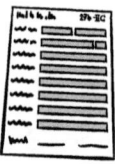

формулар

formulario

документ

documento

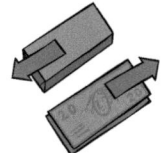

куповати

comprar

платити

pagar

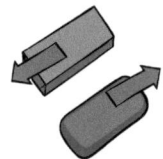

трговати

comerciar

новац

dinero

долар

dólar

евро

euro

јен

yen

рубља

rublo

швајцарски франак

franco

ренминдби јуан

renminbi

рупија

rupia

аутомат за новац

cajero automático

мењачница

casa de cambio

злато

oro

сребро

plata

нафта

petróleo

енергија

energía

цена

precio

уговор

contrato

порез

impuesto

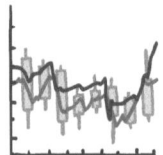

деонице

acción

радити

trabajar

службеник

empleado

послодавац

empleador

фабрика

fábrica

продавница

negocio

занимања

ocupaciones

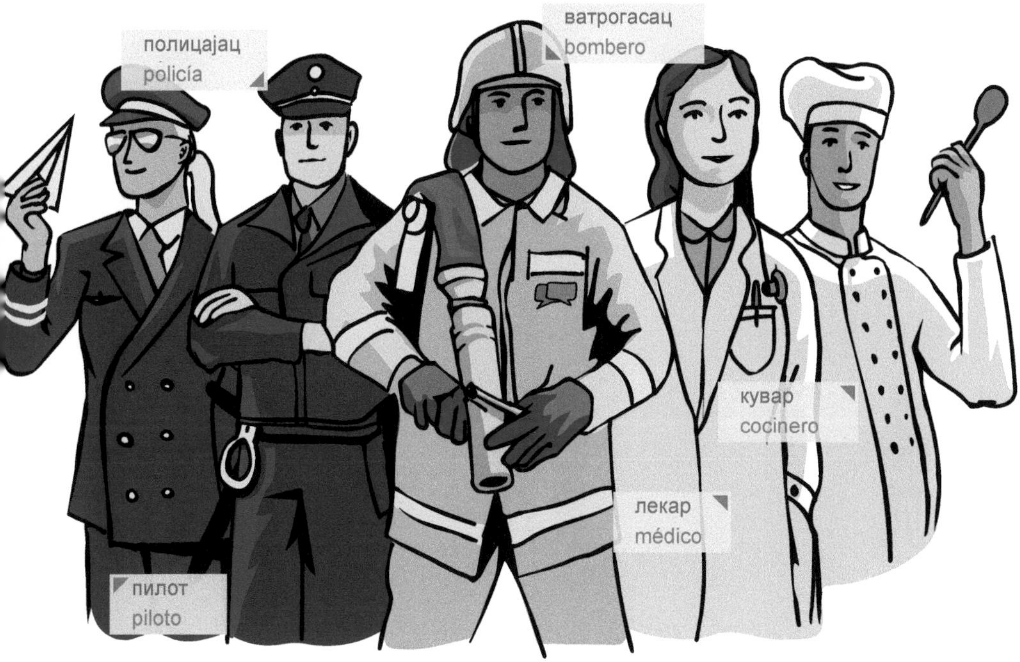

ватрогасац
bombero
полицајац
policía
кувар
cocinero
лекар
médico
пилот
piloto

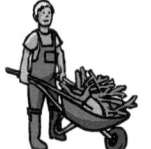

вртлар

jardinero

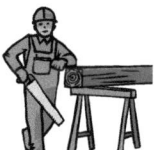

столар

carpintero

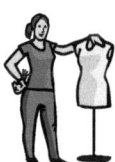

кројачица

costurera

судија

juez

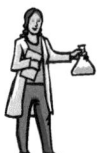

хемичар

químico

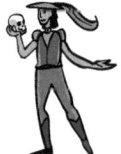

глумац

actor

возач аутобуса

conductor de autobús

возач таксија

taxista

рибар

pescador

чистачица

mujer de la limpieza

кровопокривач

techista

конобар

camarero

ловац

cazador

сликар

pintor

пекар

panadero

електричар

electricista

грађевински радник

albañil

инжењер

ingeniero

месар

carnicero

лимар

fontanero

поштар

cartero

војник

soldado

архитекта

arquitecto

благајник

cajero

цвећар

florista

фризер

peluquero

кондуктер

cobrador

механичар

mecánico

капетан

capitán

зубар

odontólogo

научник

científico

раби

rabino

имам

imam

монах

monje

свећеник

párroco

алати
herramientas

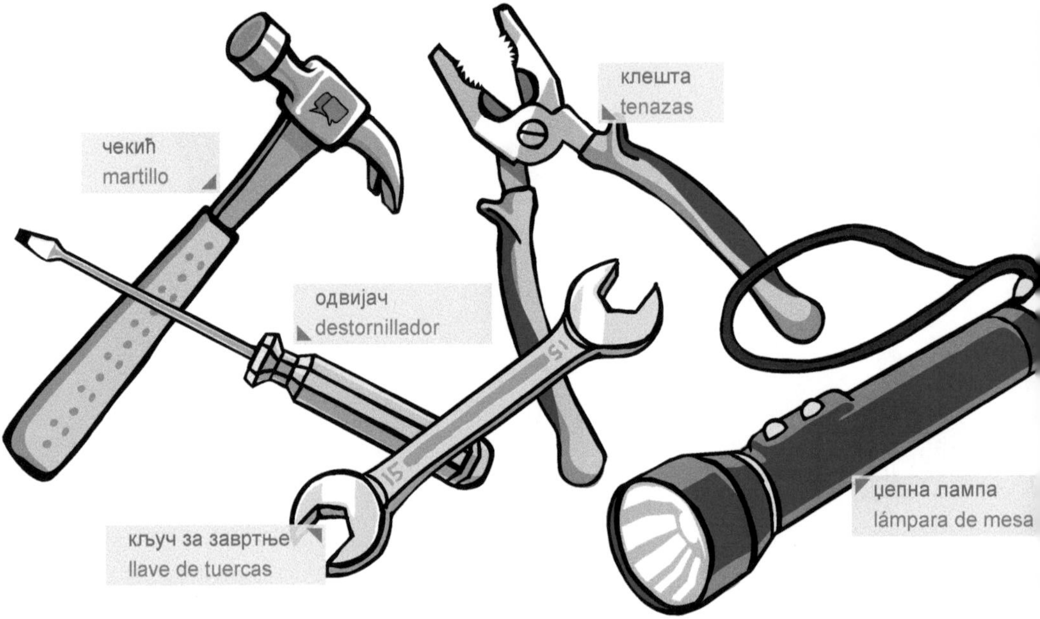
клешта
tenazas
чекић
martillo
одвијач
destornillador
џепна лампа
lámpara de mesa
кључ за завртње
llave de tuercas

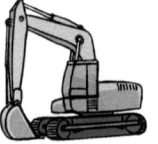

багер

excavadora

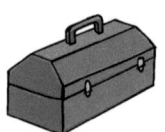

кутија за алат

caja de herramientas

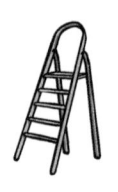

мердевине

escalerilla

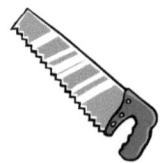

пила

serrucho

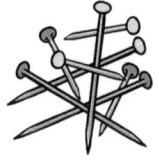

ексер

clavos

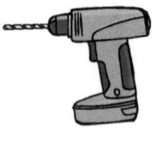

бушилица

taladro

поправити

reparar

лопата

pala

до ђавола!

¡Maldición!

лопатица

recogedor

лонац за боју

lata de pintura

завртањи

tornillos

музички инструмент
instrumentos musicales

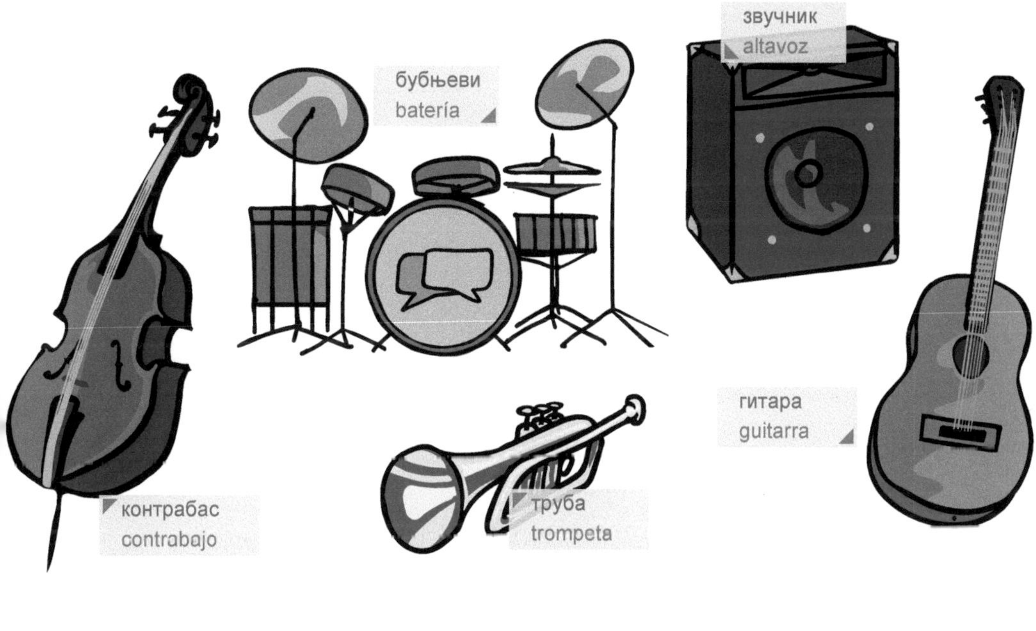

звучник
altavoz

бубњеви
batería

контрабас
contrabajo

труба
trompeta

гитара
guitarra

клавир

piano

виолина

violín

бас

bajo

тимпани

timbales

удараљке за бубњеве

tambor

типке клавира

teclado

саксофон

saxofón

флаута

flauta

микрофон

micrófono

зоолошки врт

zoológico

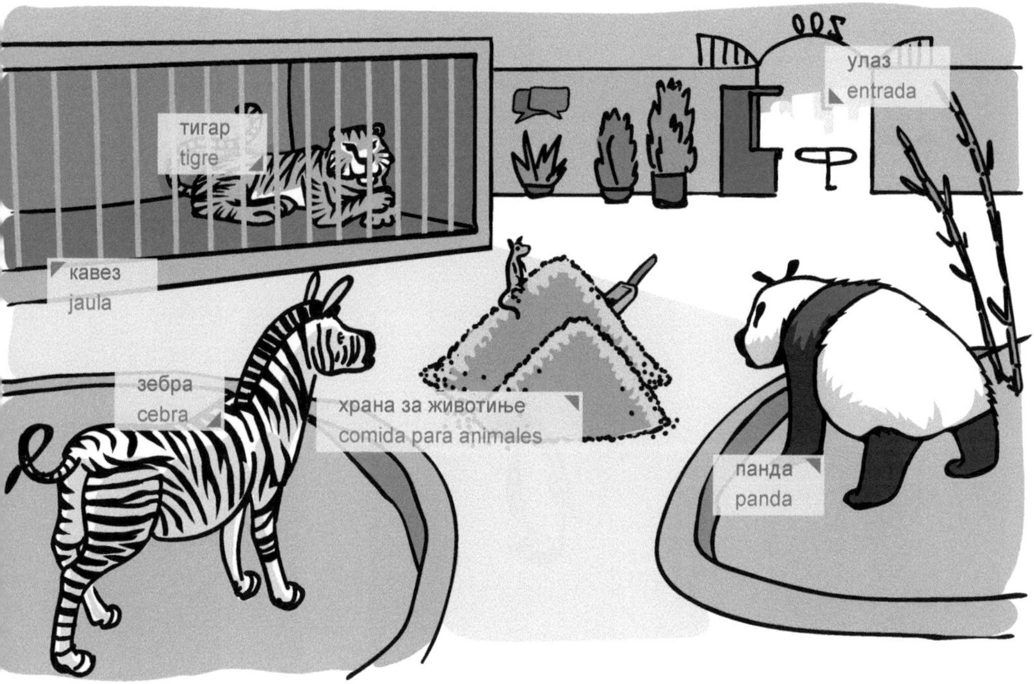

улаз
entrada
тигар
tigre
кавез
jaula
зебра
cebra
храна за животиње
comida para animales
панда
panda

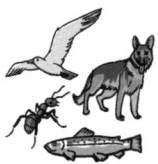

животиње

animales

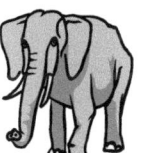

слон

elefante

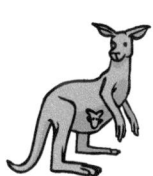

кенгур

canguro

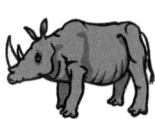

носорог

rinoceronte

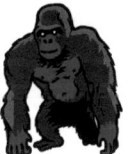

горила

gorila

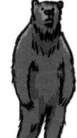

медвед

oso

камила

camello

нoj

avestruz

лав

león

мајмун

mono

фламинго

flamengo

папагај

papagayo

поларни медвед

oso polar

пингвин

pingüino

ајкула

tiburón

паун

pavo real

змија

serpiente

крокодил

cocodrilo

чувар у зоолошком врту

cuidador del zoológico

туљан

foca

јагуар

jaguar

пони

pony

леопард

leopardo

нилски коњ

hipopótamo

жирафа

jirafa

орао

águila

дивља свиња

jabalí

риба

pescado

корњача

tortuga

морж

morsa

лисица

zorro

газела

gacela

амерички ногомет
fútbol americano

бициклизам
ciclismo

тенис
tenis

кошарка
baloncesto

пливање
natación

хокеј на леду
hockey sobre hielo

бокс
boxeo

фудбал
fútbol

бадминтон
badminton

атлетика
atletismo

рукомет
balonmano

скијање
esquí

поло
polo

скочити
saltar

загрлити
abrazar

смејати се
reír

ићи
caminar

певати
cantar

сањати
soñar

молити се
rezar

пољубити
besar

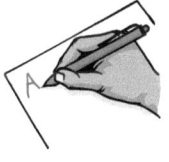

писати

escribir

цртати

dibujar

показати

mostrar

гурати

presionar

дати

dar

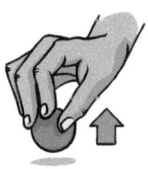

узети

tomar

имати

tener

чинити

hacer

бити

ser

стојати

estar de pie

трчати

correr

повлачити

tirar

бацити

arrojar

падати

caer

лежати

estar acostado

чекати

esperar

носити

llevar

седити

estar sentado

облачити

vestirse

спавати

dormir

пробудити се

despertar

гледати

mirar

плакати

llorar

миловати

acariciar

чешљати

peinarse

говорити

conversar

разумети

entender

питати

preguntar

слушати

oír

пити

beber

јести

comer

поспремити

asear

волети

amar

кухати

cocinar

возити

conducir

летети

volar

пловити

navegar

рачунати

calcular

читати

leer

учити

aprender

радити

trabajar

венчати се

casarse

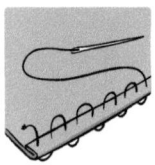

шити

coser

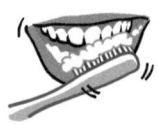

прати зубе

limpiarse los dientes

убити

matar

пушити

fumar

послати

enviar

бака
abuela

деда
abuelo

отац
padre

мајка
madre

беба
bebé

кћерка
hija

син
hijo

гост

invitado

тетка

tía

уjak, стриц

tío

брат

hermano

сестра

hermana

тело

cuerpo

чело
frente
око
ojo
раме
hombro
прст
dedo
лице
cara
брада
barbilla
рука
mano
груди
pecho
нога
pierna
рука
brazo

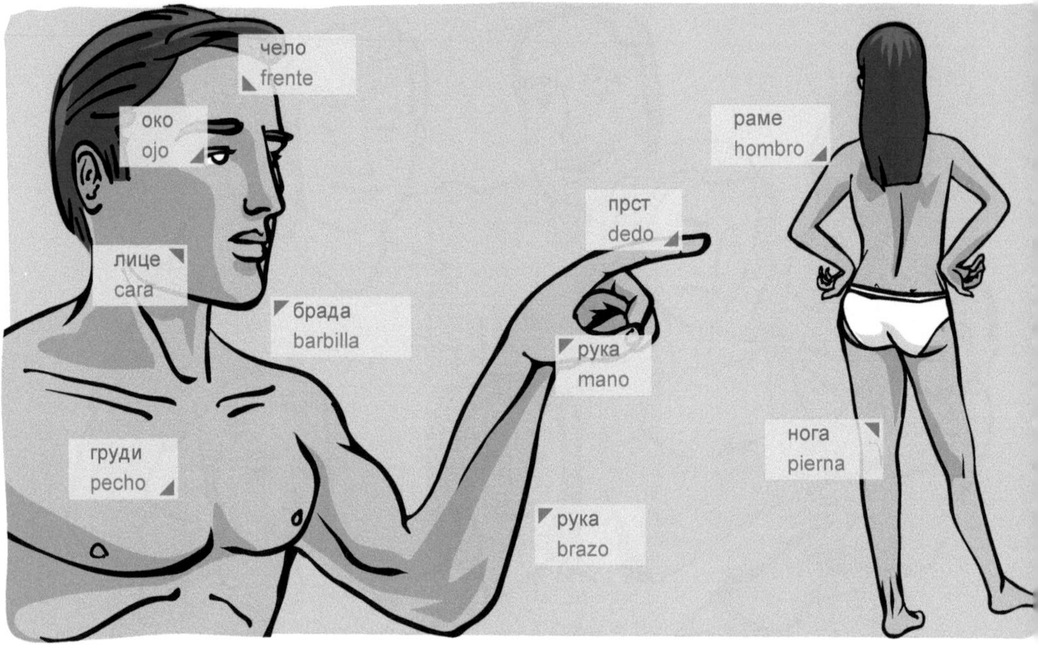

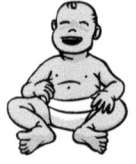

беба

bebé

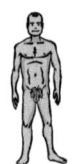

мушкарац

hombre

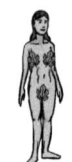

жена

mujer

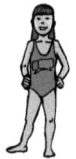

девојчица

muchacha

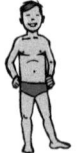

дечак

joven

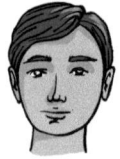

глава

cabeza

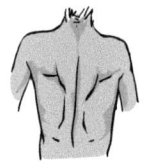

леђа
espalda

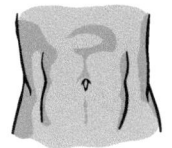

стомак
vientre

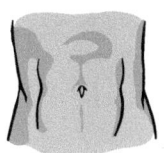

пупак
ombligo

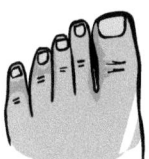

ножни прст
dedo del pie

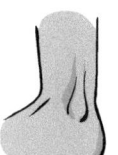

пета
talón

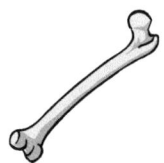

кост
hueso

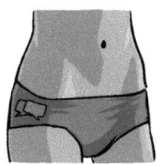

кукови
cadera

колено
rodilla

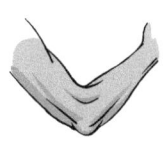

лакат
codo

нос
nariz

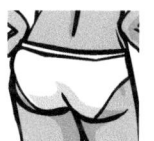

задњица
trasero

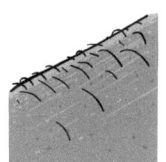

кожа
piel

образ
mejilla

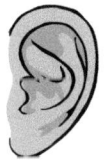

уво
oreja

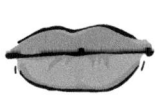

усна
labio

тело - cuerpo

уста

boca

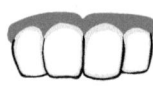

зуб

diente

језик

lengua

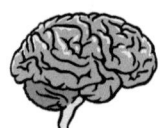

мозак

cerebro

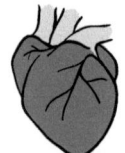

срце

corazón

мишић

músculo

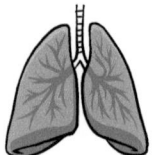

плућа

pulmón

јетра

hígado

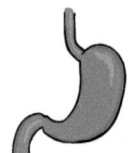

желудац

estómago

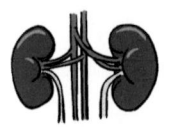

бубрези

riñones

полни однос

relación sexual

кондом

condón

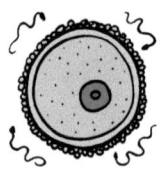

јајна ћелија

Óvulo

сперма

esperma

трудноћа

embarazo

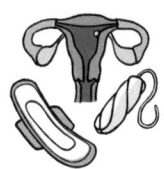

менструација

menstruación

вагина

vagina

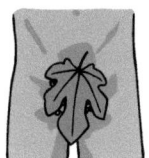

пенис

pene

обрва

ceja

коса

cabello

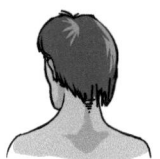

врат

cuello

болница

hospital

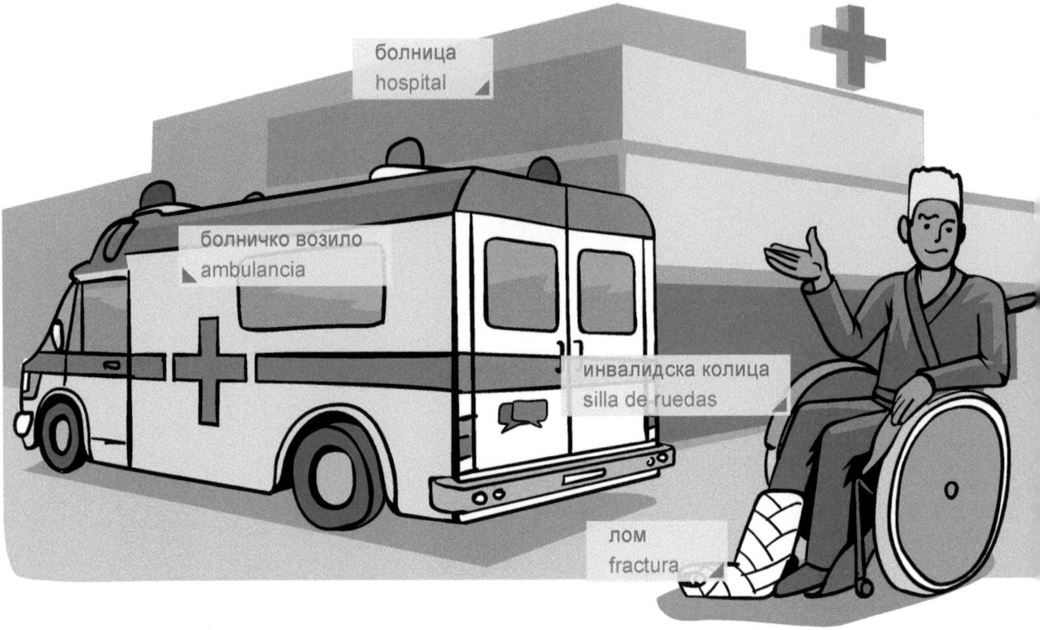

болница
hospital
болничко возило
ambulancia
инвалидска колица
silla de ruedas
лом
fractura

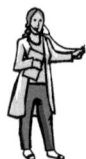

лекар

médico

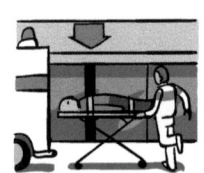

хитна медицинска служба

admisión de urgencia

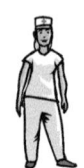

медицинска сестра

enfermera

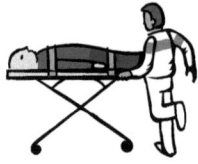

хитни случај

emergencia

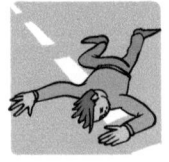

несвест

inconsciente

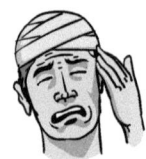

бол

dolor

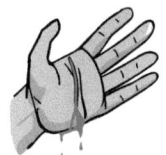

повреда

lesión

крварење

hemorragia

срчани удар

infarto de miocardio

удар

apoplejía cerebral

алергија

alergia

кашаљ

tos

грозница

fiebre

грипа

gripe

пролив

diarrea

главобоља

dolor de cabeza

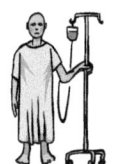

рак

cáncer

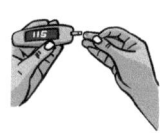

дијабетес

diabetes

хирург

cirujano

скалпел

escalpelo

операција

operación

цт

TC

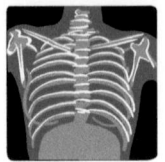

рентген

rayos X

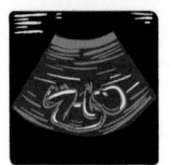

ултразвук

ultrasonido

маска

máscara

болест

enfermedad

чекаона

sala de espera

штака

muleta

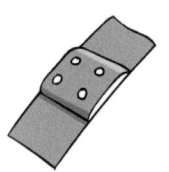

фластер

emplasto

завој

vendaje

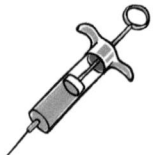

ињекција

inyección

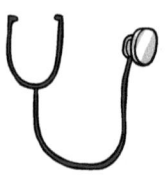

стетоскоп

estetoscopio

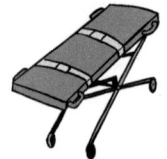

носила

camilla

термометар

termómetro

рођење

nacimiento

прекомерна тежина

sobrepeso

болница - hospital

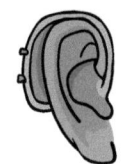

слушни апарат

audífono

средство за дезинфекцију

desinfectante

инфекција

infección

вирус

virus

хив / аидс

VIH / SIDA

медицина

medicina

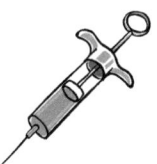

вакцинација

vacunación

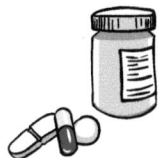

таблете

comprimido

пилула

píldora anticonceptiva

хитни позив

llamada de emergencia

уређај за мерење притиска

medidor de presión arterial

болесно / здраво

enfermo / saludable

помоћ!

¡Ayuda!

аларм

alarma

насртај

asalto

напад

ataque

опасност

peligro

излаз у случају нужде

salida de emergencia

пожар!

¡Fuego!

противпожарни апарат

extintor

незгода

accidente

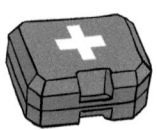

кутија прве помоћи

kit de primeros auxilios

сос

SOS

полиција

Policía

земља
Tierra

Европа

Europa

Северна Америка

América del Norte

Јужна Америка

América del Sur

Африка

África

Азија

Asia

Аустралија

Australia

Атлантик

Atlántico

Пацифик

Pacífico

Индијски океан

Océano Índico

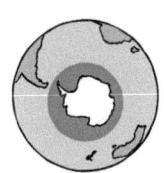

Антарктички океан

Océano Antártico

Арктички океан

Océano Ártico

Северни рол

Polo Norte

Јужни рол

Polo Sur

Антарктик

Antártida

земља

Tierra

земља

país

море

mar

оток

isla

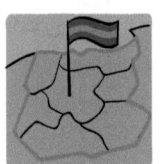

нација

nación

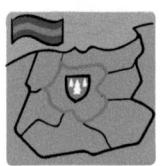

држава

Estado

бројчаник сата

cuadrante

сатна казаљка

horario

минутна казаљка

minutero

секундна казаљка

segundero

Колико је сати?

¿Qué hora es?

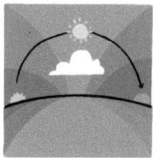

дан

día

време

tiempo

сада

ahora

дигитални сат

reloj digital

минута

minuto

час

hora

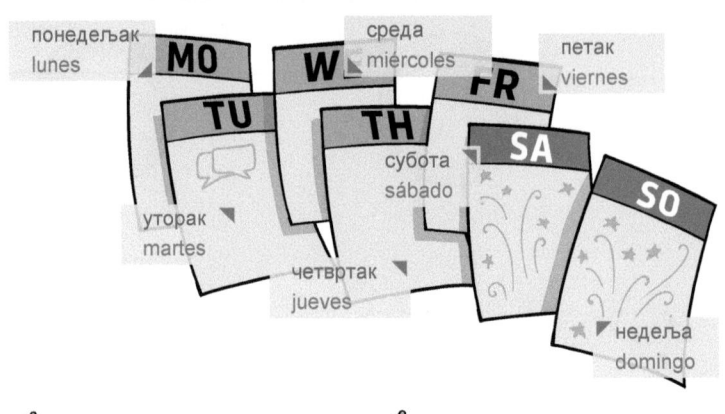

понедељак
lunes

среда
miércoles

петак
viernes

уторак
martes

четвртак
jueves

субота
sábado

недеља
domingo

јуче

ayer

данас

hoy

сутра

mañana

јутро

mañana

подне

mediodía

вече

tarde

MO	TU	WE	TH	FR	SA	SU
1	2	3	4	5	6	7
8	9	10	11	12	13	14
15	16	17	18	19	20	21
22	23	24	25	26	27	28
29	30	31	1	2	3	4

радни дани

jornada de trabajo

MO	TU	WE	TH	FR	SA	SU
1	2	3	4	5	6	7
8	9	10	11	12	13	14
15	16	17	18	19	20	21
22	23	24	25	26	27	28
29	30	31	1	2	3	4

викенд

fin de semana

година

año

дуга
arco iris
киша
lluvia
снег
nieve
ветар
viento
пролеће
primavera
јесен
otoño
лето
verano
зима
invierno

4.APRIL 11°
5.APRIL 4°
6.APRIL 13°
7.APRIL 8°
8.APRIL 10°

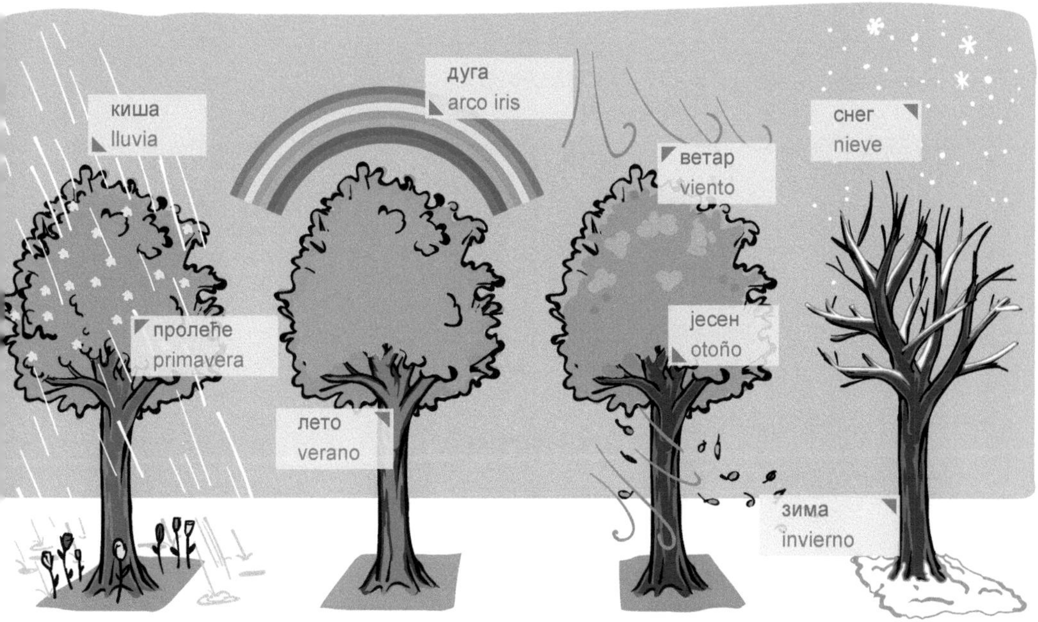

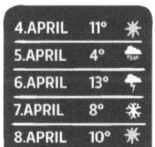

метеоролошка прогноза

pronóstico meteorológico

F C
120 40
90 30
60 20
30 10
0 0
-30 -10
-20

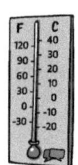

термометар

termómetro

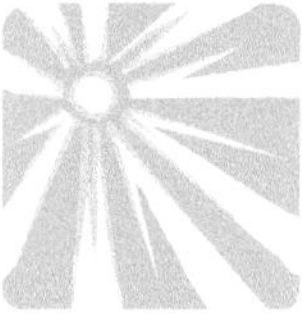

сунчана светлост

luz solar

облак

nube

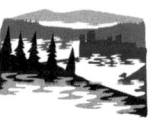

магла

niebla

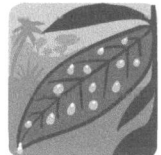

влажност ваздуха

humedad ambiente

муња

relámpago

грмљавина

trueno

олуја

tormenta

туча

granizo

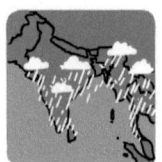

монсун

monzón

поплава

inundación

лед

hielo

јануар

enero

фебруар

febrero

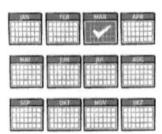

март

marzo

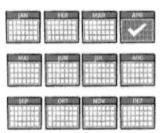

април

abril

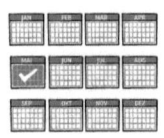

мај

mayo

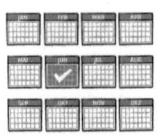

јуни

junio

јули

julio

август

agosto

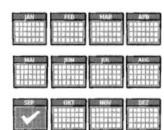

септембар

septiembre

октобар

octubre

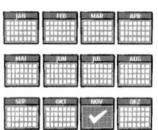

новембар

noviembre

децембар

diciembre

круг

círculo

квадрат

cuadrado

правоугао

rectángulo

троугао

triángulo

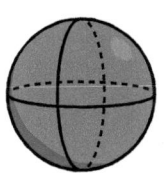

кугла

esfera

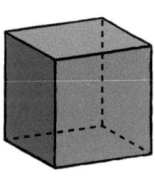

коцка

cubo

бела

blanco

жута

amarillo

наранџаста

anaranjado

ружичаста

rosa

црвена

rojo

љубичаста

lila

плава

azul

зелена

verde

смеђа

marrón

сива

gris

црна

negro

много / мало

mucho / poco

љутито / мирно

enojado / calmado

лепо / ружно

bonito / feo

почетак / крај

comienzo / fin

велико / малено

grande / pequeño

светло / тамно

claro / oscuro

брат / сестра

hermano / hermana

чисто / прљаво

limpio / sucio

потпуно / непотпуно

completo / incompleto

дан / ноћ

día / noche

мртво / живо

muerto / vivo

широко / уско

ancho / angosto

јестиво / нејестиво

disfrutable / no disfrutable

зло / добро

malo / amigable

узбуђено / досадно

excitado / aburrido

дебело / мршаво

gordo / delgado

на почетку / на крају

primero / último

пријатељ / непријатељ

amigo / enemigo

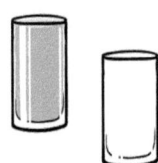

пуно / празно

lleno / vacío

тврдо / мекано

duro / suave

тешко / лагано

pesado / liviano

глад / жеђ

hambre / sed

болесно / здраво

enfermo / saludable

илегално / легално

ilegal / legal

паметно / глупо

inteligente / tonto

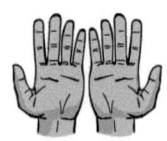

лево / десно

izquierda / derecha

близу / далеко

cercano / lejano

ново / половно

nuevo / usado

ништа / нешто

nada / algo

старо / младо

viejo / joven

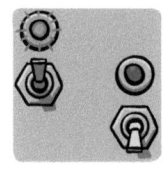

укључено / искључено

encendido / apagado

отворено / затворено

abierto / cerrado

тихо / гласно

bajo / fuerte

богато / сиромашно

rico / pobre

тачно / погрешно

correcto / incorrecto

храпаво / глатко

áspero / liso

тужно / сретно

triste / alegre

кратко / дуго

breve / extenso

полако / брзо

lento / veloz

мокро / сухо

mojado / seco

топло / хладно

caliente / frío

рат / мир

guerra / paz

бројеви

números

0	**1**	**2**
нула	један	два
cero	uno	dos
3	**4**	**5**
три	четири	пет
tres	cuatro	cinco
6	**7**	**8**
шест	седам	осам
seis	siete	ocho
9	**10**	**11**
девет	десет	једанаест
nueve	diez	once

12

дванаест

doce

13

тринаест

trece

14

четрнаест

catorce

15

петнаест

quince

16

шестнаест

dieciséis

17

седамнаест

diecisiete

18

осамнаест

dieciocho

19

деветнаест

diecinueve

20

двадесет

veinte

100

стотину

cien

1.000

хиљаду

mil

1.000.000

милион

millón

енглески

inglés

амерички енглески

inglés estadounidense

мандарински кинески

chino mandarín

хиндски

hindi

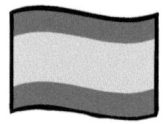

шпански

español

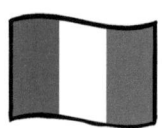

француски

francés

арапски

árabe

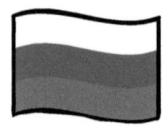

руски

ruso

португалски

portugués

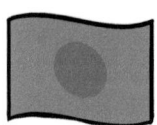

бенгалски

bengalí

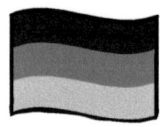

немачки

alemán

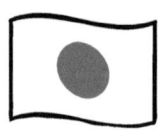

јапански

japonés

ja

yo

ти

tú

он / она / оно

él / ella

ми

nosotros

ви

vosotros

они

ellos

Ко?

¿quién?

Шта?

¿qué?

Како?

¿cómo?

Где?

¿dónde?

Када?

¿cuándo?

име

nombre

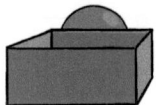

иза

detrás

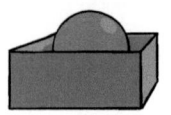

у

en

испред

delante de

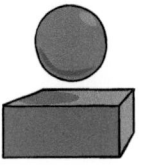

преко

encima de

на

sobre

испод

debajo de

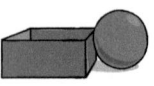

поред

junto a

између

entre

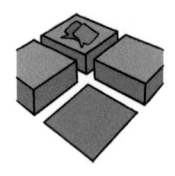

место

lugar